SUSURROS ANGELICALES

"CERCA DE LOS ANGELES"...

Dorilinda

SUSURROS ANGELICALES

Dedico este
manuscrito; a todos
los que creen que existen
oportunidades para crecer y ser
mejores personas.
El mundo es el espejo de cada
uno de nosotros. Qué esa imagen
se proyecte siempre desde el
Amor.

INTRODUCCION

Amigos lectores:

Estoy muy feliz de acompañarlos en este Camino de Amor y Prosperidad, que recibo diariamente de mis ángeles, para compartir con ustedes. Al compartir el amor incondicionalmente, hermosas bendiciones aladas, llegan a nosotros, de manera insospechada; en cualquier momento o en cualquier lugar donde te encuentres. Mensajes...que en mis sueños, han tenido significados muy especiales, que se fueron adaptando a cada situación personal...cuando llegó su momento.

Cada afirmación está escrita con la magia y la creación de toques de Amor para ustedes, con el único propósito; de abrir esas puertas que han estado cerradas en tu interior: Tu Yo Divino, Eterno, Sabio y Poderoso, creado por Dios con Amor incondicional para nosotros, Sus creaciones perfectas. Te presento una dulce propuesta, con el aroma y néctar de todas las deliciosas Energías del Universo. Energías que nos pertenecen por justicia propia y que olvidamos en el camino, por la falta de compromiso espiritual, con nosotros mismos.

Los ángeles son seres de luz. Tienen una dimensión energética mucho más evolucionada que la nuestra. Son energía pura y poderosa, basada en el amor. Ellos no tienen sexo. Su energía, transmite una luz hermosa y mágica. Están en todas partes y tienen la misión de ayudarnos en el momento que los necesitamos. Tienen el don de ver todo y sentir todo, especialmente; nuestras energías vibratorias.

Nuestro Padre desea lo mejor para sus hijos... y por eso,

nos envía a los ángeles; sus Mensajeros de Luz, para protegernos. Siempre han estado y seguirán estando con cada uno de nosotros. Ellos escuchan cuando los llamamos y responden, de maneras insospechadas.

Cada uno de nosotros tiene asignado su ángel de la guarda; que nos protege; desde antes de nacer. Ángeles guardianes, que ya se estaban preparando para protegernos y guiarnos por el camino del amor, la salud, la prosperidad, el éxito y la paz. Solamente actúan y nos ayudan cuando lo pedimos, con certeza y con mucha fe.

Trabajan con la ley del libre albedrío, en cada uno de nosotros. Tratan de contactarnos antes de que sucedan las cosas, y lo hacen de formas insospechadas.

Envuelta entre plumas y aleteos angelicales; en la mejor etapa de mi vida adulta; donde tengo todo el tiempo del mundo para crear y soñar, sin interrupciones mundanas...les presento mi nuevo manuscrito... ***Susurros Angelicales***.

Es la conexión con las emociones, nuestro cuerpo, los sentidos, los olores y colores... y con la esencia que emana de tu interior. Por ese motivo, quiero iniciar con ustedes y conmigo misma, un viaje angelical; hacia la búsqueda de nuestro propósito de vida.

Compartir desde el sentimiento del Amor, cómo podemos trabajar diariamente; en compañía de los mensajes que nos envían los ángeles... Susurrando.

Susurrándote con Amor, te ofrezco mis afirmaciones diarias; esperando te ayuden a encontrar un caminar más alegre y juguetón...como son ellos.

Dorilinda

SUSURROS...

Las personas hablan a través de susurros, cuando no quieren que un tercero, oiga lo que dicen.

Los susurros también pueden ayudar a construir un clima de intimidad o cercanía. Son para mí "secretillos" en tono bajo, que traen consigo mucho poder y energía vibratoria.

Las ideas de intimidad y cercanía, entran en juego, ya que para oír un susurro, es necesario encontrarse a poca distancia de la fuente, y para ello solemos aproximar el oído a la boca del emisor, algo que solamente dos personas, con un cierto grado de confianza entre ellas, suelen hacer, salvo excepciones. Así se comunican los angelitos buenos...susurrando... transmitiendo mensajes de forma muy particular, para evitar que los demás los oigan, bien sea; porque tratan de comunicar temas que son específicos o van dirigidos a aconsejar sabiamente.

De aquí, mi idea de muchos años, de mantener una libreta en mi mesa de noche con un bolígrafo, para no olvidar lo que pude haber soñado o interpretado, durante mi conversatorio privado con esos seres luminosos, que llegan a nuestras vidas inadvertidamente y de diversas maneras.

Son para compartirlos; porque así me lo han hecho sentir... luego de buscar por varios años, qué título le pondría a mi escrito. Uno de cuatro escritos, para mi muy significativos; en cuanto a Motivación se refiere. Todos dedicados a la Mujer Universal.

"FINALMENTE, ME LO PUSIERON EN BANDEJA DE PLATA."

GRACIAS, GRACIAS, GRACIAS

PROLOGO

Adentrarnos en un mundo que no vemos; pero que sentimos en múltiples instancias de nuestra vida, nos permite profundizar en el aprendizaje sobre el mundo

Superior de los ángeles y sus jerarquías, con el propósito divino, de conocer y aprender sobre su existencia, en nuestras vidas.

Estos seres espirituales, son considerados como manifestaciones divinas, que cumplen diferentes funciones en el universo y en la relación con los seres humanos. Su estudio, nos invita a reflexionar sobre la conexión entre lo terrenal y lo celestial, y a profundizar en nuestra comprensión sobre un tema; que hoy en día continúa acaparando interesantes temas de conversación, para el bien común.

Los ángeles, cumplen diversas funciones entre la relación con Dios y los seres humanos. Actúan como mensajeros, portadores de revelaciones divinas, protectores, guías espirituales y mediadores; entre lo terrenal y lo divino. Además, son considerados seres de luz, pureza y sabiduría, que están siempre dispuestos a ayudar y servir a la humanidad.

Uno de los detalles más importantes que he ido aprendiendo y asimilando en mi caminar existencial, es que mientras transitamos por este trayecto vivencial, no podemos albergar o entretener nuestro "YO" con telarañas y situaciones negativas; ya que no nos permiten evolucionar y estancan nuestro proceso de progreso espiritual.

La desconexión con nuestra realidad, va construyendo una muralla de "klipots" (Kabbalá); que va acumulando capas y capas de cargas negativas; que no nos permiten ver la Luz al otro lado del camino.

Cuando hablamos con los ángeles o deseamos tenerlos presentes en nuestro diario vivir, debemos purificar los canales de comunicación y reconocer; que para que todo fluya en Orden Divino, sintamos armonía y paz interior; debemos permitirnos esa experiencia sublime integral. Verlos como una familia extendida; cargada de mucha luz, que están a nuestro lado para traernos bendiciones con corrección. Aliados y cómplices de sueños realizables.

La presencia de **los** ángeles, se siente con mayor intensidad en momentos de paz interior y serenidad. Cuando nuestra mente está tranquila y nuestro corazón está receptivo, estamos más propensos a recibir todo su amor y su guía.

Es sumamente necesario, cuidar los pensamientos y purificar el aire o la atmósfera que nos rodea. Limpiar nuestra mente y liberarnos de cargas; que no permiten que fluyamos en progreso. Esto lo aprendí de una Mujer angelical; a quien Dios Universo, dotó de unos dones espirituales muy bellos.

Yanira Cotto González. La tuve como Talento en el tema de la Angelología, en el JBWMM de Caguas, cuando dirigí Relaciones Públicas, Ventas y Mercadeo; bajo mi proyecto "Holismo" al aire libre. Desarrollé la idea de traer al jardín, un grupo de personalidades profesionales, en diversas ramas del saber humano; que fueran nobles, creativas, comprometidas, y cuyas auras de luz, vibraran en positivo con el Jardín. Expertos en disciplinas, que le aportaran sentido y propósito; a la vida de todas las personas y familias que nos visitaban.

Todo se fue alineando con el Propósito e Intención, que su Cacique Mayor y creador; Gen. William Miranda Marín; nos dejó como legado de compromiso. Agradecida por la confianza que depositó en mí, su hijo; actual Alcalde.

El proyecto Amigos del JBWMM de Caguas, tomó forma y cobró vida al instante. Había mucho impacto angelical envuelto, en todas las áreas escogidas por los talentos, para ofrecer sus talleres. En ese santuario cargado de historia ancestral; había encanto y sentías las energías positivas, en vivo y a todo color. Esas historias reales, que dejaron huellas en cada rincón del mismo y que formaron el camino de una notoria parte de nuestro caminar histórico y ancestral.

En ese privilegiado lugar; se encontraron y aún existen "monolitos" estampados con las huellas escritas, de lo que una vez fue el hogar de nuestros ancestros y tres Etnias culturales. Sin contar; el "Barracón;" donde dormían los esclavos, su parque ceremonial, los restos arqueológicos de culturas indígenas; que ni los movimientos cíclicos de la historia; pudieron exterminar.

¡Allí sí existe la presencia de los ángeles! Solamente hay que fluir serenamente mientras escuchamos los sonidos naturales del viento, al caminar en silencio por sus senderos y sentir la lluvia al caer. Ahí viví las mejores experiencias de mi vida. Gracias Manolo, Marie, Vanessa, Ramón, Cecilia, Osvaldo, María Eugenia, Raquel, Arcadia...

Yanira Cotto, mi amada amiga; sigue siendo una mujer líder muy espiritual; significativamente dotada, para recibir los mensajes de los ángeles; orientando a sus seguidores, en el arte del Amor angelical.

Para mí... un instrumento de paz y amor; que dejó huellas muy hermosas en mi vida espiritual y me motivó a meterme de lleno en el estudio y lectura, sobre los ángeles. Desde entonces; son mis tesoros espirituales, que me acompañan en mi caminar existencial. Gracias Yanira.

Otra excelente profesora, que con su alto grado de espiritualidad y conocimiento del arte del Taichí, recorría por diferentes lugares de ese Jardín encantado con sus grupos...impartiendo su paz y energía angelical a todas sus alumnas. Cecilia Orozco... cómo olvidarla.

Mujeres dedicadas a mejorar el planeta; creando conciencia sobre la importancia que reviste; el reinventarnos, para ser personas felices y armonizadas: en cuerpo, mente y alma.

Nos comunicamos con los ángeles a través de los sentimientos...

Que obviamente, nacen en el Alma.

Una manera o forma en la cual los ángeles pueden comunicarse contigo, es a través de los sentimientos y hasta en sueños. Algo muy importante que aprendí con: Yanira y su grupo... es que debemos auto validarnos, amarnos, aceptarnos, reconocernos y sacar desde la profundidad del Yo Soy; las piedras preciosas espirituales, que deseamos compartir con el espectro de colores y formas, que nos rodea.

Desintoxicarnos y fluir; como si tuviéramos alas de algodón, para ubicarnos en la onda de Luz que Ellos, compartirán con nosotras. Llega un punto, en donde los conviertes en tus aliados y amigos incondicionales. Siempre y cuando los invoques para ser mejores personas y hacer el bien.

Cuando los ángeles te hablan; pero tú lo ignoras, o no escuchas los mensajes...bien pueden respaldar el mensaje que quieren darte, con un inmenso sentimiento de amor, paz y bendición; que significa que tus ángeles están contigo en el camino. Ellos conocen nuestras almas, corazones y pensamientos. No nos abandonan nunca; aunque en algún momento; nos sintamos perdidas o solas.

Te surgirán sentimientos, que te alertarán sobre Su presencia, y es muy normal, que sientas corazonadas que te guían, Sin poder explicarlo; pero sí sentirlo; intuirás que hay una presencia agradable cerca de ti, que te está avisando algo importante.

DIGAMOS QUE...

Ibas a realizar un viaje, un proyecto, un trabajo especial o un evento; que tenías en planes desde hace algún tiempo. De pronto sientes o tienes la corazonada, de que hay algo que le falta o no encaja en el transcurso de la acción que planeabas tomar, o te viene a la mente, que aún le falta algo adicional, para que todo salga como anhelado. En los tiempos de nuestras abuelitas, le decían premoniciones o avisos. Yo siempre les hago caso... porque nunca fallan.

Cuando creemos en los ángeles; como yo lo hago, a menudo, manifestamos frases como: Siento que debo cambiar de trabajo o mudarme de este lugar; O, siento que debiera llamar a esta persona; cuando realmente; son los ángeles, que se han estado comunicando conmigo y me lo están expresando de muchas maneras simples. La verdad es que... tenemos que ponernos en onda, con lo que pedimos, deseamos y consultamos con ellos.

Algo así como...

¡Una sensación muy profunda, de saber la verdad!

Es muchas veces difícil, poner en palabras, la manera en que recibes de los ángeles sus mensajes. A veces son como avisos o situaciones que se te presentan de momento y te vienen a la mente, sorpresivamente. Eso es obra de ellos. Puedes sentir premoniciones, o una inquietud o sobresalto interno; que sabes, que no es algo común en nuestro diario vivir.

Inicialmente, sentía temor; pero nunca fue negativo!...

Al paso del tiempo, se siente rico. Es como si una brisa suave, te acariciara desde tu interior. Como cuando te llega un regalo sorpresa, sin esperarlo y te da mucha felicidad. Cuando tu mamá te acariciaba la cabeza en su regazo con tanta dulzura; que te quedabas dormida serenamente.

Así yo lo siento muchas veces. Otras; con cierta inquietud, cuando lo que presiento, me pone ansiosa. Esperando una respuesta; que no llega; pero que inminentemente; vendrá de camino si tienes FE y le das el poder a tu mente, para que trabaje a tu favor.

LA COMUNICACIÓN DE LOS ÁNGELES A TRAVÉS DE IMPULSOS, QUE TE VAN A EMPUJAR A PONERTE LAS PILAS...

DE OBLIGARTE A DESPERTAR DEL LETARGO...

Otra manera muy común en la que los ángeles te hablan, es a través de motivarte a la acción. Es como sentir, que algo te empuja, te mueve a despertar y a salir de esa zona cómoda, de la que ni siquiera estás consciente, porque has permitido que tus sentimientos se apoderen de tus emociones.

Tal vez ni siquiera tengas conocimiento; sobre si debes hacerlo o no. Solamente sientes un impulso para actuar... y créeme que lo harás; porque estoy completamente segura de que asi sera...

Puede ser un fuerte y repentino deseo de dejar de beber, de comer chatarra, de rebajar lo que por tanto tiempo ha sido una carga física y mental en tu entorno, de ir a ver a un amigo, en el que no has pensado por un tiempo... o simplemente iniciar algo; que por años jamás pensaste lograr. Es como un rico despertar sin mirar atrás. Una propulsión con poder, que te activa al 100%. Eso es fabuloso...

Los ángeles se comunican a través de la activación de

un impulso, para que tomes algún tipo de acción; que en el fondo sabes, que es beneficiosa para ti; incluso si tu mente consciente, no entiende la razón.

Cuando sucede... es como un camión sin frenos. O te mueves de su camino... o te pasa por encima.

Lo importante aquí, es tener discernimiento y empezar a mirarte por dentro; creando conciencia de que algo maravilloso está sucediéndote en el ahora...para aumentar tu Fe, en ese nuevo despertar; que está llegando a tu vida. No olvidemos que los ángeles, son seres espirituales sobre elevados.

Nos preguntaremos si este movimiento a la acción: ¿Viene de un ser espiritual superior? O... el impulso a la acción, viene de la mente de tu ego inferior y del condicionamiento de la sociedad; pero; ya cuando establecemos como uso y costumbre, invitar a nuestros ángeles a entrar en nuestras vidas y a nuestros hogares, reconocemos que todo lo que nos impulsa positivamente; viene de seres superiores a nosotros.

Suelta el miedo y déjate llevar...

Cuando dejamos de tomar las acciones que son inspiradas por la mente del ego inferior y por el condicionamiento del miedo al pasado (que no existe); podremos comenzar a tomar las acciones que son guiadas por los ángeles y por nuestras almas.

Eso nos permite experimentar un saludable crecimiento, en la nivelación "v i b r a t o r i a" de tu vida energética, elevando tu equilibrio espiritual y alineándote con las más altas posibilidades de tu vida.

Es interesante que este nivel de comunicación de los ángeles también se puede desarrollar a través de tus sueños y la meditación. En la quietud de tu mente; siempre afloran destellos de energía vital; que nos llegan como Susurros. Como si sintieras unas rafagas de viento que acarician todo tu cuerpo, de manera espiritual.

Durante los momentos de sueño, contemplación o meditación, la mente; consciente de tu ego baja la guardia, permitiéndote entrar en una conciencia más elevada. Como resultado, la comunicación con los ángeles, los seres queridos y los guías espirituales se hace posible.

Esto también podría llamarse comunicación telepática; en donde recibes los mensajes de los ángeles directamente a tu mente. Podríamos estar meditando o en contemplación, en un lugar que hayamos escogido para sentirnos libres de ruidos y congestiones humanas. El campo visual antes de... y después de entrar en ese espacio sereno; debe ser uno que nos llene los sentidos de paz.

Que cuando inhales y exhales pausada y rítmicamente; sientas que te elevas a un nivel superior que puedes controlar, a tu tiempo y espacio. Tu tienes el control de tu energía y con el mismo; aprenderás a controlar tus emociones y situaciones cotidianas; que requieren de tu atención.

Puedes recibir un mensaje como una corriente de pensamiento junto con el tuyo, como una palabra o un concepto escrito en tu mente, o una voz interior. También puedes recibir imágenes mentales o símbolos que representan, lo que tus ángeles quieren comunicarte que debes hacer para resolver ese instante en tu presente, que necesita de su apoyo. Aquí les relataré algunas de mis experiencias vividas; a las que les di significado y me abrieron los ojos, a muchas realidades; que todas vivimos en nuestro diario compartir.

PRIMER RELATO.
LA DURA PARTIDA...

Desde que mis padres fallecieron, los extraño mucho.; pero no los he amarrado a mi existencia. Acepté su partida, como un suceso normal; porque me preparé mental y espiritualmente para ello; ya que mi padre y yo éramos pensantes profundamente afines y lectores habituales de los libros de Bryan Weiss. De hecho, me dejó en legado, todos sus poemas exquisitos; que comenzó a escribir desde sus trece años; y que en algún momento intercalaré en muchos escritos, que sigo editando. Partió y dejó el mundo material a sus 95 años bien vividos y con una personalidad tan genuina y alegre; que contagiaba a todos.

No los lloro; porque los recuerdo con mucha alegría y complicidad. Ambos fueron pilares en mi desarrollo de niña, a la mujer que soy hoy. Increíble...como desde el Amor, nos conectamos con ellos; aun cuando veo las galletas favoritas de mami, en el supermercado. Es como si ella me dijera: "nunca me he ido" y te protejo en otra Esencia. Pongo mi mano sobre el corazón y doy gracias por su presencia en mi vida. Me sonrío por todos los recuerdos de ella con sus galletas.

Cuando me siento frente a la piscina, o estoy en un lugar sereno frente al mar o en el jardín; sin buscarlo, entro en un estado de paz inconsciente y en mi silencio y sin querer, algo me conecta con ellos. De momento; siempre me aparecen dos mariposas. Primero la amarilla, que sé que es mami y la blanca, más pequeña...que es papi. ¿Cómo lo sé? Simple. Cuando tengo a papi en la mente, siempre me saluda y revolotea una mariposa pequeña blanca que me pasa de frente y sigue brincando sobre las canastas de flores. Cuando me asalta el recuerdo de mami en un área donde haya plantas y flores; de momento llega esta mariposa amarilla, que permanece más rato ante mi presencia. Yo hablo con ellas y...no estoy loca...créanme.

Mis dos mariposas protectoras. Es mi conexión con ellos. El amor de los padres o de hijos, que se nos han adelantado al proceso de partida; tiene un grado espiritual tan elevado; que es inexplicable; pero existe y es real. Los ángeles buscan la manera de hacernos saber; que están ahí, con un buen propósito y vienen a protegernos con Amor.

SEGUNDO RELATO
ANGELICAL...

Cuando vivía en Puerto Rico... sacaba el tiempo los fines de semana, para irme a pasear sin rumbo por la Panorámica, hacia el pueblo de Aibonito, a degustar la riqueza de nuestra gastronomía campuna o... manejar en tiempo de Vals, por el Expreso de Humacao a Fajardo, que pasa justo al frente de unas fincas preciosas; cuyas onduladas montañas, se visten con pastos color verde esmeralda, árboles frondosos, ganado vacuno y caballos sueltos.

De frente a este paisaje soñado, y al lado opuesto de la Autopista, se encuentra una vieja casita de madera con techo de zinc, curtida por los años de supervivencia; escondida y rodeada de un platanal impresionante. Parece una estampa viviente, recreada al detalle en el lienzo de algún artista profundo. Creo... que es entre los pueblos de Las Piedras y Naguabo en Puerto Rico.

Esa casita simboliza mucho y todo, para nuestro conocimiento y crecimiento cultural, y es la savia de nuestros orígenes, como Pueblo. Esa magistral estampa campestre, ha servido de inspiración para artistas del óleo y sabe Dios; de cuántos poetas, trovadores, escritores y fotógrafos. Para mí significa mucho más intenso... y no puedo explicarlo. Es algo que está adherido a mis emociones, de manera positiva y muy profunda. El mensaje que porta es uno alentador. Preservar nuestros patrimonios culturales y respetar nuestra historia; debe prevalecer, ante todo.

A lo que voy...

Cuando paso por ese preciso lugar; siempre menciono a papi en voz alta y súbitamente; siento ganas de llorar y lloro; con un sentimiento de Amor agradable y a la vez nostálgico; que no puedo controlar y mucho menos definir. Reduzco la velocidad, me detengo en el paseo, para poder disfrutar del verdor intenso de esa estampa de campo tan impactantemente perfecta; desde la carretera principal.

Inmediatamente, siento que a mi lado, llevo la grata compañía de mis Arcángeles y les agradezco por ese momento de Amor incondicional. Hay una entidad que me abraza y me cierra los ojos... y rezo un Padre Nuestro, que me sale del alma.

¿Qué significa?...

No lo sé; pero cuando sigo mi camino; luego de haberme extasiado contemplando ese panorama campuno que me eleva el alma; siento mucha paz y felicidad, enciendo la radio y voy cantando por todo el camino... liberada totalmente de cualquier sentimiento, que no me haga bien.

Y SIGUEN LOS ÁNGELES TRAYENDO MENSAJES, PARA COMPARTIR...

AQUÍ TIENES ALGUNOS MENSAJES QUE LOS ÁNGELES PUEDEN TRANSMITIRTE:
SEGÚN CONOCEDORES Y ESTUDIOSOS, SOBRE EL TEMA.

Amor y apoyo: Los ángeles nos rodean con amor incondicional. Si te sientes solo o necesitas consuelo, pide su ayuda y permíteles envolverte con su amor. Te arropan y los sientes. Déjate abrazar.

Intuición y corazonadas: A menudo, los ángeles nos "susurran" a través de nuestra intuición. Si tienes una sensación fuerte o una corazonada, presta atención, podría ser un mensaje angelical.

Inspiración y creatividad: Los ángeles pueden inspirarnos a través de ideas creativas, impulsándonos a seguir nuestros sueños y proyectos.

Protección y guía: Están ahí para protegernos y guiarnos. Pueden enviarnos señales, como encontrar plumas o monedas, en momentos clave, o incluso aparecer en sueños para ofrecer consejo.

Sincronicidades: Crean sincronicidades en nuestra vida, como ver el mismo número repetidamente o encontrarte con alguien en el momento perfecto. Estos eventos pueden ser señales de que estás en el camino correcto.

Sonidos: Hay diferentes sonidos y nuestras respuestas van de acuerdo con la petición; algunas veces pueden ser canciones; que en su letra, normalmente percibimos la respuesta, otras veces música instrumental, que nos conecta con la divinidad; y también pueden ser campanas, indicándonos que los ángeles nos acompañan y la energía del lugar está limpia.

Recuerda... que podemos conectarnos con los ángeles; a través de la meditación, la oración o simplemente manteniendo tu corazón abierto y atento, a sus mensajes.

TERCER RELATO. EL ÉXODO...

Cuando llegué a Tampa; conseguí un apartamento precioso, en un primer nivel y en una esquina con vista a un enorme lago artificial. No tenía vecinos cerca y era muy céntrico. Los primeros días los pasaba bien; porque me entretenía con mis orquídeas y decorando el apartamento; muy diferente a lo estilaba por años. Ya no tenía mi campo, estaba en tierras extrañas, sola, liberada totalmente de mis apegos emocionales de Puerto Rico... y sentía que me habían cortado las alas; para que me acostumbrara a vivir en una jaula hermosa; pero sin vistas al campo...a mi verdadera esencia existencial.

Decidí que casa nueva...vida nueva; cuyos colores de acento en mi decoración; los cambié por colores vivos e intensos. Creo que entendía el mensaje que me latía en el corazón. "Has tomado una decisión firme y muy chocante; al dejar toda tu vida en Puerto Rico de golpe y porrazo; sin mirar atrás", y realmente así fue. Algo muy espiritual, me sacó de mi rutina de vida agitada y me allanó el camino, hacia un cambio radical de vida...mucho más sosegado y libre de tantas energías tóxicas, de personas, que no necesitamos en nuestra vida.

Fascinada con la alegría que me brindaban los nuevos colores y el nuevo empaquetado espiritual-emocional; fui conociendo personas nuevas muy lindas; pero sentía mi corazón lloroso y el alma contrita;

cuando llegaba la hora de retirarme a dormir. La soledad, la impotencia ante lo desconocido, una pequeña familia, lejos de mi vida, y la incertidumbre de: ¿y si me pasa algo aquí sola y sin allegados? Esa mujer guerrera, se sentía débil; lejos de su "campito" y sus nietos…pero con el espíritu indómito y guerrero, a flor de piel, siempre.

En una de esas noches, en donde lloraba sin consuelo; pensando en nada y en todo…recuerdo que le pedí a mami y a papi, que no me abandonaran y me dieran la fuerza; para arrancar con Fe y conseguir un trabajo que me diera paz y estabilidad en éste nuevo "emprender" a mi edad adulta, en Tampa y sola. Que mis ángeles custodios y Arcángeles, me sacaran de ese trance de melancolía, que "NO ERA YO", y que me dieran un jamaqueón, para despertar.

Me rendí ante el sueño y me viré de lado, amarrada entre 3 almohadas King, de espaldas a la mecedora y a la ventana, que daba a la calle. Como a las 3:37 a.m. siento un ruido bien fuerte e impactante detrás de mí, que se los voy a comparar, con "un aleteo" intenso en ritmo marcado de "Uno…dos Uno…dos", y sin parar. En palabras laxas… les cuento que "me embarré y me entró un frío olímpico", que no podía ni gritar. En mi mente solo recibía el mensaje: Respira profundo Doris y ora.

Me llené de valor, pude abrir los ojos y caí sentada en la cama. En esa fracción de segundos, vi con estos ojotes grandes; unas alas bien amplias, de un color blanco-azulado, casi del ancho, de la pared a mi espalda. Oigan…

aún lo recuerdo y se me pone la piel de "gallina". Esas alas eran perfectas y así se dibujaron en mi mente.

Sorpresivamente, se me fue el miedo y apretándome el pecho con fuerza, comencé a darle gracias al Arcángel San Miguel (que fue lo que me vino a la mente) y le expresé, que nunca más dudaría de mi propósito existencial. Ya no lloré más. Sentí el empujón, que pedí a mis ángeles y ancestros. Y esas alas inmensamente bellas; fueron la presencia espiritual que me enviaron; para que reconociera que YO NO ESTABA SOLA. Ellos estaban ahí para defenderme y protegerme.

O sea; cada quien tiene sus experiencias...

También existe la comunicación telepática, que puedes sentir más a menudo, a través de breves ráfagas de información, cuando tus ángeles tienen un mensaje específico; para comunicarse contigo; en modo de una respuesta: de «sí» o «no», ante una petición, que les hayas hecho.

Es importante señalarles, que la comunicación telepática angelical, no es ruidosa, ni se siente fuera de nuestro entorno. Siempre será un bálsamo cariñoso y útil, incluso en los momentos, en que el mensaje ofrece una advertencia o una recomendación, para que cambies de rumbo... por tu bien.

La clave para ser capaz de notar la diferencia, es la conciencia y el discernimiento. Los ángeles no meten miedo; ni juzgan. Mas bien, te dirigen hacia caminos hermosos y correctos; para que seas feliz. Puedes sentir hasta aromas particulares, cuando desean, que sepas que están a tu lado.

Conceptos relacionados. Permíteme explicarte:

- **Conciencia:** Es la voz interna que nos guía hacia lo correcto o lo incorrecto.
- **Discernimiento espiritual:** Al recibir mensajes angelicales, este nos permite evaluar si provienen de una fuente divina o no.
- **Resumiendote:** La conciencia es más general y se relaciona con nuestra percepción moral, mientras que el discernimiento espiritual es específico para comprender la voluntad de Dios en situaciones particulares.

BUENO: PREGÚNTATE...
¿DE DÓNDE SALEN ESOS PENSAMIENTOS, QUE TE ASALTAN DE MOMENTO?

Cuando los ángeles te hablen, será; como un diálogo interno entre ustedes. No lo pongas en duda. Así como hablamos para nosotros en silencio; podemos reconocer la diferencia. Yo los invito a entrar a mi casa, a mi auto, y a mi dormitorio. Cuando llego a un lugar para alguna reunión o invitada a una cena de amistades; los invito a adelantarse y a pasar; antes que yo, con bendiciones.

Cuando te asalta una idea brillante, un pensamiento profundo, que parece salir de la nada; pero que te ofrece una guía clara o un apoyo amoroso... Esto puede haber venido de tus ángeles. Tu corazón, el alma, la conciencia y tus pensamientos serenos, se unen a la hora de recibir mensajes bellos. Pienso que nos llegan cuando estamos receptivos al cambio y al mensaje.

Las señales angélicas, son una muestra de que DIOS está ahí, cuidándonos, guiándonos, apoyándonos y respondiendo nuestras peticiones, así que anímate y agradece por ellas, comienza a identificarlas, tu vida se llenará de luz y amor.

¡LAS SEÑALES DE LOS ÁNGELES... SUS SUSURROS!

Cuando tus ángeles intentan comunicarse; es porque tú los invitas, a formar parte de tu caminar existencial.

Las señales de los ángeles, pueden ser realmente simples. Cómo ver las mariposas; cuando pienso en mis padres. ¡Las coincidencias, tienen la energía de los ángeles por todas partes! Escucha sus susurros. Ellos llegan cuando menos lo imaginas. Aprende a escuchar con el corazón...y la vida no te presentará tantas situaciones inesperadas. Es como conformar un equipo de trabajo exitoso.

Cuando recibes una señal, el propósito principal, es alertarte de la presencia de un Mensajero de Luz; para que puedas sintonizar con el mensaje subyacente y la comunicación que también está ahí... para ti. Estoy segura de que todos; en algún momento hemos tenido experiencias significativas; pero como no hemos estado envueltos en el tema, las hemos apartado de nuestra mente... pero siguen ahí.

Cuando aparece algún tipo de señal, presagio o sincronicidad...recuerda; que puedes usarla para cambiar tu perspectiva y empezar a ver el mundo de una forma que esté más en línea, con la más alta verdad divina de ti. Todos somos Divinidad y Esencia. No olvidemos lo poderosos que somos y todo lo bello que radica dentro de nuestro ser interno. Tenemos memorias cortas... y ya es hora de poner a trabajar el poder que tiene nuestra mente...a nuestro favor.

Lo que los ángeles desean para nosotros, es que podamos vivir con propósito; siendo entes de ayuda y luz para el mundo; de una manera que amemos, disfrutemos y podamos compartir sanamente nuestro amor, con nuestros semejantes y nuestras familias.

Abre tu corazón, calla tu "chismorreo" mental, y permanece presente y consciente en el momento. Este simple proceso de aquietar tu espíritu y abrirte a la maravillosa experiencia de compartir las bellezas esenciales que puedes recibir de tus ángeles, te ayudarán a ser receptivo a cualquiera guía, o mensajes, que tus ángeles puedan estar tratando de comunicarte.

¡Solamente necesitas ESCUCHAR con el corazón!

INICIEMOS UNA MEDITACION, DESDE NUESTRO CORAZON...

La meditación del corazón, es una práctica espiritual; que nos ayuda a conectarnos con nuestro ser más profundo, encontrar la paz interior y cultivar el amor y la compasión en nuestro corazón; que tan necesitado está, de que lo amemos.

Comencemos a practicarla para nuestro beneficio...
(Música de relajación).

Enfócate únicamente; en el corazón: Haz tres inhalaciones profundas y vas soltando poco a poco. Utiliza las frases: Yo soy amor y felicidad. Yo amo a mi niña interna. Yo amo mi corazón.

○ Siéntate en una silla firme y cómoda... con la columna recta y la cabeza erguida.

○ Pon tus manos sobre las piernas con las palmas hacia abajo y tus pies firmemente plantados en el suelo.

○ Dirige tu atención al corazón y visualízalo cómo lo imaginas en las fotos.

○ Respira suavemente... y repite afirmaciones como "Soy amor" mientras mantienes la concentración en tu corazón.

○ Míra internamente; cómo corre tu sangre roja y pura, por todas tus venas del cuerpo.

○ Inicia desde el corazón... (lado izquierdo subiendo por brazo, cuello, cabeza, cerebro) y bajando por la derecha, de igual manera; hasta que te encuentres nuevamente, en el punto de partida.

LA VISUALIZACIÓN ANGELICAL...

Cuando necesitamos ayuda de nuestros **ángeles,** la visualización es una herramienta muy poderosa, para conectarnos con su energía y recibir su guía. Aquí te sugiero algunas imágenes y.enfoques; que puedes considerar:

1. Comunicación directa:

o Imagina que estás en un lugar sagrado, como un jardín celestial o una playa tranquila. Un lugar bello en tu patio.

o Visualiza a tus ángeles frente a ti.

o Habla con ellos mentalmente o en voz alta, expresando tus necesidades y pidiendo su ayuda.

2. Luz brillante y amorosa:

o Cierra los ojos y respira profundamente.

o Imagina una luz blanca o dorada que te rodea y cubre todo tu ser. Cómo estar metida en una jaula dorada bella.

o Visualizando a tus ángeles como seres de luz, envueltos en esta energía amorosa, cubierta de estrellas.

3. Presencia protectora:

o Visualiza a tus ángeles a tu lado, como figuras etéreas o seres alados.

o Siente su presencia protectora y amorosa a tu alrededor.

o Pídeles que te guíen y te protejan en tus desafíos.

Confía en que tus ángeles, están escuchando y respondiendo a tus peticiones.

¿QUÉ BENEFICIOS VAS A ADQUIRIR CUANDO LEAS MI MANUSCRITO?

Aprenderás la relación que existe entre Corazón, Mente y Alma.

Aprenderás a vivir desde el Corazón.

Te alejarás del Miedo para acercarte al Amor.

Te atreverás a Ser Vulnerable y a distinguir lo Positivo de lo Negativo.

A ser decidida. Cuando tengas que decir "SI" o "NO".

"Confiarás en los mensajes de los ángeles."

Le encontrarás sentido a tu propósito existencial.

Serás fuerte y firme en tus convicciones.

Abrirás nuevos senderos, para desarrollarte como una Mujer total, e integral.

¡DISFRUTEN DE MIS SUSURROS, CON ALAS DE ANGEL!

LA IMPORTANCIA DE LA INTERACCIÓN Y CONEXIÓN DE CUERPO-MENTE-ESPÍRITU...

Nuestra mente actúa cómo un puente, entre el cuerpo y el alma. El cuerpo, es donde experimentamos sensaciones y emociones, mientras que el alma y el espíritu trascienden lo físico.

Cultivar una relación armoniosa entre estos elementos, nos ayuda a vivir una vida más plena y consciente. Aquí tienes algunas prácticas que pueden ayudarte:

1. Alimentación sana:

o Elige alimentos nutritivos y mira a tu cuerpo.

o Saborea cada bocado y agradecelo...

2. Descanso y sueño:

o Descansar bien ayuda a rejuvenecer cuerpo y mente.

o El sueño profundo, es una experiencia espiritual.

3. Ejercicio y movimiento:

o Mantén tu cuerpo activo con ejercicios que disfrutes.

o Conéctate con la vitalidad de tu cuerpo.

4. Atención plena (Mindfulness):

o Practica la atención plena. para estar presente.

o Observa tus pensamientos, emociones y sensaciones.

5. Prácticas espirituales:

o Medita, ora y realiza rituales; conectate con lo divino.

o Cultiva la gratitud y la compasión.

Cultivar una relación armoniosa entre estos elementos; nos ayuda a vivir plenamente.

LA NUMEROLOGIA DE LOS ANGELES...

ANGELOLOGIA NUMERICA
SEGÚN LOS ÁNGELES...

En el contexto religioso y mitológico, los ángeles, son seres sobrenaturales presentes, en varias tradiciones. Su función principal, es servir a una deidad suprema y actuar como intermediarios entre Dios y la humanidad. En el cristianismo, se consideran mensajeros y protectores de Dios, guiándonos y protegiéndonos en la vida diaria.

Según he leído y vivido en mi carácter personal... dicen, que los ángeles pueden manifestarse de diversas maneras y a menudo utilizan señales, para comunicarse con nosotros.

Otras maneras interesantes en que los ángeles pueden hacerse presentes en nuestra vida, con detalles inexplicables:

Plumas: Encontrar plumas inusuales puede ser una señal de que los ángeles están cerca.

Luces Parpadeantes: Observar luces que parpadean sin explicación aparente puede ser una manifestación angelical.

Sensaciones Corporales: Sentir cambios en la temperatura, como un cálido resplandor o un escalofrío, podría ser una señal de los ángeles.

Olores Inusuales: Percibir aromas dulces o fragancias inesperadas sin una fuente física puede ser una manifestación angelical.

Sueños y Visiones: Los ángeles pueden aparecer en sueños o visiones, transmitiendo mensajes importantes.

Mariposas: Algunas personas creen que las mariposas son mensajeras de los ángeles.

La numerología angelical, es un sistema que asigna significados espirituales a secuencias numéricas repetitivas; que vemos en nuestro diario vivir. Estos números, conocidos como "números de ángeles", se consideran mensajes de los ángeles; según los eruditos en el tema. Obviamente; son canales abiertos de educación, para nosotros los mortales.

Es un Despertar Espiritual: La numerología angelical; puede ayudarte a estar más consciente de las señales y a sintonizar con tu intuición.

Nos invita a prestar atención a los números y a encontrar significado en ellos, creando una conexión especial, con el mundo espiritual y esotérico. Estos temas provienen desde la antigüedad.

Su orígen se remonta a la antigua Babilonia, Egipto, Grecia y China. Se creía que los números tenían poderes místicos y simbólicos, y que podían revelar secretos sobre el universo y la naturaleza humana.

Los números de ángeles, son secuencias recurrentes que llevan significados y simbolismo. Algunos ejemplos incluyen:

Estos números pueden aparecer como señales o coincidencias significativas, y se consideran guías divinas de los ángeles y el universo. Recuerda que estos números pueden aparecer como señales en relojes, matrículas de autos, recibos, etc.

Siempre confía en tu intuición y presta atención a las sincronicidades. Hay que creer en el refrán que dice:

"El que busca, encuentra"... De eso trata el tema.¡Estar alertas!

Existen veces; en donde vas manejando y de pronto pones tu atención y te enfocas en el número de la placa del auto, que ves frente a ti. Es posible, que recuerdes de inmediato o más tarde; que esos números y letras, los has visto más de dos o tres veces durante ese día o en muchas ocasiones; insistentemente; durante semanas o meses.

Te recomiendo, tener siempre a la mano, un bolígrafo y una libreta de anotaciones cerca, y también en tu mesa de noche. Simplemente, anota los números y mensajes que recuerdes de tus sueños y eso que se repite constantemente ante tus ojos. Al día siguiente, cuando leas lo escrito; posiblemente le encontrarás la razón o busca en línea; libros que desarrollan el tema de los simbolismos angelicales o significados.

Todos podemos comunicarnos con los ángeles, además; ellos son tan sabios, que entienden la dificultad de nosotros como seres humanos para entender sus llamados. Por eso nos envían señales de diferentes formas. Les contare sobre las más comunes; esperando que comencemos a limpiar el ruido de nuestra mente y entendamos esos mensajes tan subliminales.

Los ángeles son amor y luz. Son la forma en que Dios se comunica con nosotros. Ellos están de manera incondicional; nunca descansan, y siempre están acompañándonos. Recordemos que todos tenemos un ángel guardián asignado, que nunca nos abandona y de acuerdo con nuestras peticiones, fuerza, convicción, intensión, etc. llegarán más.

Siempre, guiados por la luz y con la bendición de la justicia divina.

Hay señales que son las que más comúnmente reconocemos; cuando hemos tenido algún acercamiento con ellos.

Es posible que cuando las leas, te sientas identificado con alguna... o entiendas; porque siempre veías la misma repetición de números, o escuchas la misma canción, o encontrabas plumas y no sabías de donde provenían.

El universo es un lugar infinito, pero estás AQUÍ, AHORA. Eres una creación totalmente única, con habilidades y propósitos igualmente únicos. No hay que seguir el ritmo de nadie, para destacarte o copiar lo que no te pertenece.

Camina a tu propio ritmo, escuchando los latidos de tu corazón. Abrázate a ti misma con Amor... y vive tu verdad. Eres un ser espiritual; viviendo en un cuerpo material. Por eso es tan importante que entendamos la importancia que reviste; saldar deudas personales contraídas de otras existencias y sobre todo; en ésta.

Tenemos que intentar ser mejores personas y llevar en nuestro corazón la palabra PERDÓN.

Interpretar los números de los ángeles...

Requiere de mucha práctica y experiencia paulatina, en tu relación con sus manifestaciones Divinas; pero también implica; decodificar los mensajes simbólicos y algunos de los significados que propenden; detrás de las secuencias numéricas, que aparecen en nuestras vidas.

Los números tienen vibraciones y significados específicos; muchas veces relacionados a nuestro entorno personal y espiritual, a nuestro crecimiento evolutivo y propósito de vida; que nos amarra existencialmente al HOY. Les manifiesto desde mi corazón...que es tan enriquecedor, conocer sobre nuestra relación con estos seres tan luminosos y pacificadores. Y...adentrarnos a la búsqueda de estos temas tan bonitos; sin darnos cuenta, estaremos inmersos en una nueva calidad de vida espiritual.

Cuando comprendamos los significados ocultos de estos números, podemos obtener claridad, guía e inspiración para recorrer nuestro viaje con gracia y sabiduría. Recuerda que todo en la vida es un proceso aleatorio y en el mismo; aprendemos, nos desarrollamos y finalmente nos nutrimos; para poder tomar las decisiones que nos convengan, para salir adelante.

Los siguientes números son los que más significado tienen en el tema de los ángeles y cómo se hacen notar en el estudio de la Angelologia:

CERO: Dios está hablándote, escúchalo, únete a él.

UNO: se más optimista, deja el miedo. Mantén pensamientos positivos pues estos se verán materializados.

DOS: mantén la fe, tus peticiones y oraciones se están manifestando. Así que debes mantenerte positivo.

TRES: es un número hermoso, nos dan un equilibrio de lo interior con el exterior. Es un buen momento para tener nuevas ideas que ayuden a construir.

CUATRO: estas en equilibrio, los ángeles te acompañan en este momento. Ellos son los que armonizan tu espiritualidad.

CINCO: se acercan cambios, o ya los estás viviendo, recíbelos con amor y entiende que el cambio siempre nos trae cosas grandes. No pierdas la fe.

SEIS: es momento de equilibrar tus pensamientos. Dedícate más a lo espiritual y deja lo material, en un segundo plano. A fin de cuentas, no nos llevamos nada de los apegos materiales, a los que estamos expuestos.

SIETE: te ratifica que el camino es el indicado.

OCHO: es el número de la abundancia, la prosperidad y la facilidad, de que ésta fluya en tu vida. Suelta y fluye con el universo.

NUEVE: este es el número de más alta vibración, y es una señal de entrega a los demás, de un propósito de vida y de servicio. El voluntariado nos conecta directamente con nuestras emociones afectivas.

ONCE: si tienes un presentimiento sobre algo que dicen tus ángeles, ¡Confía en él! Ignorar tu voz interior, te llevará por un camino de tropiezos y energías estancadas… hasta que aprendas las lecciones que te tocan. Mantente fiel a tus creencias y a tu intención.

VEINTIDOS: representa la paciencia en el reino angélico. Algunas cosas llevan su tiempo, sobre todo las importantes. Tus plegarias, no cayeron en saco roto. Mantente motivada y pon los valores, bajo tus sueños.

TREINTA Y TRES: es que confíes en tu Yo superior y en tus guías. Los hechos son importantes; pero también lo es, mantenerte en contacto con tus capacidades espirituales. Estás cerca de completar una lección importante.

CUARENTA Y CUATRO: te manifiesta, que los Guías Angelicales; te están ayudando a hacer realidad algo que te importa mucho. Pero, los Ángeles también quieren recomendarte, que te concentres; hasta que tus deseos se manifiesten.

**Son muchos más; pero mi manuscrito trae
otro mensaje más profundo.
Reconocer lo valiosos y poderosos que
somos; aún bajo la influencia de un mundo
convulso y agresivo, espiritualmente.**

Dorilinda

¡MIS EXPERIENCIAS PERSONALES, CON ELLOS!

Esto que les voy a contar, en este preciso momento, en donde me lees; me ha sucedido con antelación, mucho antes de decidir; cuáles serían los títulos y temas, de cada uno de mis libros. No me cuesta trabajo bautizar mis manuscritos; porque me vienen a la mente sin pasar trabajo. Ellos... los ángeles, son mis guías. Cuando fluyo con ellos; todo sale como debe ser.

Todo lo que escribo, lo he visto ya; a todo color... en mis sueños. En donde me presentan una estrofa, una línea de pensamiento, una palabra o frase, a veces algunas imágenes a colores, alguna estampa bien real; que hasta la siento al tacto. Temas simples o algo inentendible; en donde hablo con algo o alguien, que está ahí a mi lado en el sueño. Un instante que parece que lo toco con mis manos... y posiblemente, no tiene rostro definido; pero el corazón te dice quién es. Suena extraño; pero para mí es tan normal, como respirar aire puro. A veces; es tan bello lo que sientes; que si vas perdiendo el sueño; despiertas llorando...porque no querías que se te escapara.

Inmediatamente, me incorporo y si recuerdo lo que soñé, mi mente coge viaje sin rumbo... y mi corazón, comienza a definir lo que pude rescatar. Voy repasando lo que anoté en mi libreta de apuntes y marco con tinta roja, esos detallitos que rescaté de mis sueños,

Esas notitas, que yo estoy segura, de que en un futuro, voy a desarrollar en alguno de mis proyectos de vida. Cuando decido que estoy preparada para comenzar un proyecto escrito, mis dedos corren sobre el teclado y van jugando solitos. Pienso, que al hacerlo, hay un motor que me mueve y motiva a darle forma, a un pensamiento positivo. Eso forma parte de mi propósito existencial y por ello doy gracias al Creador. Tengo esa facilidad de intercalar sueños con propósitos. Eso estaba escrito en mi librito existencial.

Por eso; siempre he tenido como costumbre, comenzar a escribir mis pensamientos, libros, mensajes, discursos... a las **11:11 p.m.** A esa hora; en un sueño, me presentaron esos números escritos, en letras amplias y negras; sobre unas barajas bien grandes, que llevaba en mis manos. Había alguien frente a mí; pero nunca pude reconocerlo.

En el sueño, yo las iba acomodando sobre la yerba verde del campo...como jugando con ellas. Me veía, vestida con una falda ancha roja y una blusa blanca vaporosa, como de organza transparente. Algo así; como luce la vestimenta andaluza... y mi cabello largo negro, se despeinaba con la brisa fuerte, que soplaba como en Susurros. En otra existencia; tengo que haber sido gitana.

Recuerdo ese sueño como ahora. Era como si estuvieran filmando una película conmigo, corriendo y disfrutando, por esos montes alfombrados de amarillo; mientras un viejo molino de agua utilizaba la fuerza del viento y del agua; para mover la corriente, que bajaba desde una cascada preciosa; que jugaba entre las montañas. Dios sabe que ese recuerdo vive en mí y pienso que antes de partir; volveré a visitar esa estampa viva, que tantos recuerdos hermosos, guarda mi cofre de instantes significativos.

Para resumirles mi sueño...

Pareciera largo; pero los sueños realmente, son solo "instantes"; que al aprender a descifrarlos, se convierten en la musa de muchos artistas, poetas y escritores. Hay que dejarse llevar, por los mensajes que recibimos desde lo Alto; y muchas veces no obedecemos o escuchamos.

Pasaron varios años; me divorcié del padre de mis hijos, comencé a madurar sentimientos que desconocía... y llegó mi tiempo, de amarrar mis instantes y oportunidades profesionales; a mi nueva situación de mujer adulta. Conocí a la Cónsul de Panamá en Puerto Rico: la Honorable

Carolina Herrera, en un evento protocolar en la Casa de España, y quién diría; que en par de semanas, saldría rumbo a Panamá, con un contrato excelente; como Traductora de los Tratados Carter-Torrijos. Mis angelitos ya estaban trabajando mi viaje y preparando el camino; para que brillara profesionalmente.

El destino, me llevaba de la mano, para vivir una experiencia laboral diferente y muy enriquecedora, a nivel socio cultural... y tuve el honor de conocer y compartir en los eventos protocolares de Estados, a todos los presidentes invitados por el General Omar Torrijos Herrera y el presidente Valladares de Panamá. No puedo dar muchos detalles; porque tendría que escribir un libro para ello; pero que mucho aprendí; durante ese caminar vivencial.

Eso sí...que ésta boricua llevó las más bellas creaciones de Alta Costura de: Luis Fuentes, Rosalía Rivera, Remedios Martorell, Osvaldo Morales y Carmen Chirino; para quienes modelé en muchas ocasiones. En cada pase de moda; mientras compartía amenamente con todos los invitados y la Cónsul Herrera; sentía las miradas de admiración de todos los presentes. Puerto Rico, un alto estandarte de la Moda siempre y yo muy orgullosa de promover lo nuestro. Hasta el Departamento de Turismo, me preparó para obsequiar a los dignatarios; muestras de nuestros rones, alfileres de coquíes y banderas. Un éxito total. Fueron varias semanas intensas; pero cargadas de experiencias inolvidables; que marcaron mi vida profesional.

Llegando al Hotel Panamá y custodiadas, desde que bajamos del avión; por soldados armados hasta los dientes; comenzó mi nueva aventura con propósito. La Cónsul de Panamá, conmigo bien de cerca; porque les digo... que eso de tanta vigilancia, me incomodaba; hasta cierto punto; pero viví una experiencia única.

Durante la primera salida a cenar esa noche, en el restaurante del hotel, conocimos a un caballero muy cortés, maravilloso y educado; dueño de la Flota Naviera Costarricense; y que luego al volver a coincidir; en un viaje a Costa Rica relacionado a mi trabajo; nos invitó a cenar y me preguntó que si me gustaba el campo. Respuesta positiva al instante... porque mi pasión son el campo y la naturaleza. Obviamente; entendí que Halley T. Guardia; deseaba que conociera su País y me llevara un recuerdo positivo del mismo. Y ahí... me enamoré de Costa Rica y la hospitalidad de su gente.

Al día siguiente, bien temprano; llegó con su chofer y su secretaria. Nos fuimos a recorrer otra aventura exquisita, rumbo a San José de la Montaña.

Ese viaje fue soñado; porque las vistas de esos campos y la compañía de ese guía angelical, que me prestó el Universo...era hijo de un pasado presidente de Costa Rica, de apellido Guardia. Su intelectualidad, historias, legados, vivencias y extrema cortesía; hicieron de mí estadía, una muy exquisita y reconfortante. Los angelitos estaban de cachondeo conmigo.

¡Llegamos mi señora!...

Me dijo Halley...hemos llegado a un lugar, que espero te agrade tanto como a mí; porque se parece a ti. En mi adentro; le escuché decirme: Se parece a ti, me dijo y lo escuché clarito. ¡Bueno...dijo a mí, y yo le creí! No se equivocó, me leyó; como si me conociera de otras vidas.

Los niños alados, me llevaron a Costa Rica...

Aquí... comienza mi relato sobre los ángeles y sus mensajes subliminales.

¿Recuerdan el sueño gitano? ¿El rostro masculino que tenía de frente, y que no pude reconocer? Pues; comencemos... Ese rostro resulto ser el de Halley.

El primer número que vi, al entrar al restaurante... fue un 11:11. Pintoresco lugar de campo; parecido a Suiza. Cocinaban en hornos de ladrillo y el aroma del lugar, impregnaba toda el área. La vista magistral, que se desplegaba como lienzo fresco de una pradera; que desde nuestra mesa, se abría un foco panorámico impoluto; hacia esa impresionante montaña recamada de florecitas diminutas amarillas. Había ganado suelto, pastando al tope de la "montaña de mi sueño" y el intenso aroma que embriagaba el aire, con olor parecido a las flores del árbol de Ylán. ¡Esa fue mi percepción! ¡Una dulce conexión de vista, olfato y corazón!

Cuando entramos al lugar idílico y cruzamos un puentecito, se destacó lo rústico y refrescante de la imagen visual completa, que se adornaba con un molino de agua al lado de la entrada, el sonido de la corriente de la cascada, que bajaba de la montaña, su fresco sabroso y en el descanso de la misma. Las piedras en el riachuelo, brillaban con los destellos de sol e invitaban a quitarse las sandalias y mojar tus pies. Cosa que hice tal cuál; lo viví, en mi sueño gitano. Me senté sobre unas piedras y la suave corriente, bañaba mis pies, con el agua cristalina; que paseaba entre las rocas.

Ese mensaje del sueño; lo pude recrear sin planificar, al pie de la letra. Tan es así, que voy a buscar la pintura al óleo, que me hizo la artista Nilda Raquel Irizarry de Juana Díaz; cuando le relaté esta misma historia. ¡Se les van a poner los pelos de punta! Ella no copió nada; porque todo estaba impoluto y transparente, solamente en mis recuerdos. Si algo lamento, es no haber llevado cámara y haber tomado una foto de esas estampas.

Mi sueño se convirtió en realidad y mi artista Raquel me pintó al óleo una obra que al verla; quedé boquiabierta. Todo lo que viví en ese sueño y en la realidad del mismo; lo plasmó en su pintura al detalle. Sin omitir absolutamente nada; excepto que en mi sueño, yo era gitana... y en la realidad vivida, una mujer enamorada de la Vida.

Por eso... reconozco y acepto, que mi Propósito de vida es educar, motivar y escribir con Esencia. Yo sería un Diario viviente de mis instantes. Así era mi padre...y por eso contemplábamos muchos temas de la vida, con complicidad. Era mi modelo a seguir; para pensar y profundizar mis instantes. Todo a su lado como mentor; tenía significado...abrazaba la Vida y la sazonaba con poemas profundos; que algún día les compartiré en otro manuscrito.

Es por eso qué...

Me propuse que a partir de hoy...

No desviaré mi propósito de vida; por nada ni por nadie. Me concentraré en plasmar mis experiencias de vida en mi Diario existencial; para compartirlo con las mujeres del mundo. Daré conferencias donde me contraten y llevaré mi mensaje de amor y empoderamiento, al mundo que me rodea; porque todas debemos y merecemos el pleno derecho de vibrar en positivo y buscar nuestro mayor bien común.

Seguiré inmersa en mis talleres de cultivo de orquídeas y motivación... y en mis horas de desconexión, pondré música suave y romántica. Sacaré mis pinceles y acrílicos; para darle color a mi espíritu o simplemente tocaré el piano... o rasgaré las cuerdas de mi guitarra. Yo aprendí a educar mi intelecto y a cultivar mis pasiones... precisamente; para qué al llegar a mi edad adulta, pudiera vivir con calidad de emociones y sentimientos.

Y por el dicho que nos ampara: Somos lo que manifestamos. Yo decreto y manifiesto: Amor, Balance, Felicidad, Prosperidad y Salud, para todas mis lectoras.

"La única persona capaz de hacer algo por ti eres TÚ."

¿Cuándo es el mejor momento?

¡AHORA!

Para que seas; lo que tú mereces.

No hay excusas. No vale culpar a los demás; de lo que ocurre a tu alrededor.

Es momento de coger las riendas de tu vida y empezar a vivirla desde EL AMOR.

Trabajar en ti, es el mejor regalo que puedes hacerte.

Doy Fe de ello.

¿CÓMO ME CONECTO CON MIS ÁNGELES?

NECESITAREMOS UNA LÍNEA TELEFÓNICA: 1-2-3. ¿PERO ¿CÓMO ES ESO?...

El 1 es tu corazón e Intención.

El corazón significa intención, pues para contactar a los ángeles, se tiene que tener una intención pura, amorosa, bondadosa.

El 2 es la Fe y la Recepción.

La Fe va hacia como estás hablando tú, qué palabras estás utilizando. Puede ser una oración estas decretando... ¿Cómo los están llamando?

El 3 es una mente tranquila y consciente.

BIP...BIP...BIP...Si tu mente está pensando EN VIBRA NEGATIVA...

¡Ya hay interferencia!

Se fue la conexión... y perdiste la señal.

Ese 123 tiene que estar conectado. Es directo y en vivo con ellos.

¡CREA UN RITUAL PARA INVOCAR A TUS ÁNGELES!

Esto puede incluir encender una vela, colocar la intención en un papel y susurrar la intención en voz alta. Esto te ayudará a concentrarte en tu intención y a estar más abierto para recibir la ayuda de los ángeles.

Mantén un diálogo abierto con los ángeles...

Invoca a los ángeles cada vez que necesites ayuda, y estarás en una mejor posición para recibir respuestas. Esto les dará la oportunidad de guiarte y ayudarte en el camino.

□ **Invoca a los ángeles con una oración y una intención clara.**

□ **Crea un ritual para invocar a tus ángeles.**

□ **Mantén un diálogo abierto con los ángeles.**

□ **Confía en que los ángeles te guiarán en la dirección correcta.**

□ **Acepta la ayuda que ofrecen y sé agradecido por lo que recibes.**

Gracias (3) Veces...

¡CLARO!

AQUÍ TIENES ALGUNAS FRASES Y OPINIONES MUY INSPIRADORAS SOBRE ÁNGELES:

SACADAS A LA LUZ POR PERSONALIDADES ESTUDIOSAS, CREYENTES DE LOS ANGELES.

"Amar por amar, es angelical." - Alphonse de Lamartine

"Nunca estamos tan perdidos como para que nuestros ángeles no puedan encontrarnos." - Stefanie Powers

"Cuanto más confíes y creas en los ángeles, más bendiciones derramarán sobre ti." - Denise Linn

"Los ángeles son sirvientes de Dios que ayudan a llevar a cabo sus planes y propósitos." - James Cooper

"Cada uno de nosotros somos ángeles con una sola ala y solo podemos volar abrazándonos." - Luciano de Crescenzo

"Los ángeles están a nuestro alrededor, al lado nuestro y dentro de nosotros." - Lesli White

"Dios siempre tiene un ángel para ayudar a aquellos que están dispuestos a cumplir con su deber." - Theodore L. Cuyler

"Los ángeles que descienden traen ecos de misericordia y susurros de amor." - Fanny J. Crosby

"Los ángeles iluminan todas las áreas de la vida, ayudándonos a ver la luz dentro de todos." - Melanie Beckler

"No podría haber llegado tan lejos si no hubiera habido ángeles en el camino." - Della Reese

"Agradece a tu propio ángel de la guarda por la paz y la regeneración de todas las células de tu cuerpo." - Dorie D'Angelo

"Para encontrar a tus ángeles, empieza a confiar en tu voz interior y en tu intuición." - Melanie Beckler

"Los ángeles nos animan guiándonos hacia la felicidad y la esperanza." - Andy Lakey

"Creo que los amigos son ángeles silenciosos que nos ponen de pie cuando nuestras alas tienen problemas para recordar cómo volar." - Lorraine K. Mitchell

RUTINA ESPIRITUAL A UTILIZAR CON LAS AFIRMACIONES...

Al levantarte, escoge una Afirmación y hazla tuya; como una acción para llevar a cabo, y compartir con tus semejantes cada día.

Con el uso y la costumbre; aprenderás a escuchar tu corazón y antes de realizar algo; lo pensarás y meditarás. Un susurro llegará a ti y te dará la respuesta que esperas.

Un poco de paciencia y mucha Fe es lo que necesitas.

Te abrazo desde mi corazón.

Dorilinda

AFIRMACIONES PODEROSAS...

Aquí les comparto mensajes recibidos; que al interpretarlos positivamente; los convertí en Afirmaciones con poder, para ustedes, mis queridas lectoras.

Una manera eficaz de practicarlas es:

Numero uno: Elige la afirmación que te dicte tu corazon, para ese dia en particular.

Numero dos: Cada día, escribes tu afirmacion, en una hoja de papel rosado o blanco; para que los efectos deseados, los recibas con fuerza y certeza.

Mejores horas para Decretar o Afirmar:

10 veces por la mañana y 10 por la noche. Todos los días, durante un mes, de ser posible. Vas alternando las afirmaciones; porque son muchas.

Cierras siempre con GRATITUD...

Hecho esta...

Y AMEN (todo tres veces)

Y NUNCA OLVIDES...
Que todo lo que sale de tu boca... se convierte en acción.
Mucho cuidado con lo que sale de ella...

PUES ENTONCES.... A MIMARNOS CON TODAS LAS AFIRMACIONES...

Me libero de mis recuerdos pasados negativos.

Soy digna y valiosa.

Me atrevo a verme tal cuál soy.

Reconozco mis debilidades y fortalezas.

Fluyo con suavidad con la vida y en cada experiencia.

Pido al Universo lo que quiero con amor.

Merezco ser feliz.

Me perdono y perdono a mis vidas pasadas.

Merezco tenerlo todo.

Estoy en el camino hacia el éxito y la abundancia.

Me siento segura y capaz.

Me llegan oportunidades y bendiciones positivas.

Mi mente está llena de pensamientos positivos y constructivos.

AGRADECE...

Soy merecedor/a de amor, felicidad y prosperidad.

Soy la persona que siempre quise ser.

Me siento seguro compartiendo mis sentimientos.

Soy una persona exitosa.

Tengo poder para triunfar.

Confío en mi intuición.

Merezco una buena vida.

Confío en los procesos de la vida.

Estoy a salvo.

Me amo y me apruebo.

Soy feliz en la intimidad.

Creo la paz en mi mente, mi cuerpo y mi mundo.

Decido vivir en él presente.
Estoy segura de mis capacidades.

Me amo a mí mismo

Merezco ser amado.

Me libero del pasado.

Controlo el poder de mi mente.

No paso juicio contra otros.

Mi vida es plena.

Trabajo en mis valores, positivamente.

ABRAZATE...

Yo soy pro activa.

Confío en mí.

Confío en el proceso de la vida.

Estoy rodeado de amor y llena de paz.

Soy la alegría de vivir que se expresa y recibe.

Soy libre de ser yo misma.

Estoy segura de mis convicciones.

Me siento amada y protegida siempre.

Me consiento con Amor.

Merezco lo mejor para mi vida.

Soy hermosa y todos me aman.

Consigo lo que me propongo.

Disfruto todo lo que hago.

Culmino todo lo que comienzo.

Abro mi corazón y acepto a los demás como son.

Expreso mi belleza interna con poder.

No hago juicios sobre los demás.

Me rindo al amor.

Soy fuerte y capaz de manejar toda situación.

CONFÍA EN EL UNIVERSO...

Merezco muchas bendiciones.

Asumo el cuidado de mí misma.

Yo soy poderosa e influyente en mi quehacer diario.

Me doy permiso para disfrutar de todo lo que hago.

Comparto mi afecto y mi gozo.

Acepto el placer; como parte de mi ser.

Disfruto mi libertad de pensamientos.

Estoy receptiva a la bondad, que me rodea.

Reclamo mi poder ahora.

Abro mi corazón y me regocijo en lo que soy.

Permito que el amor llegue a mí.

Recibo las bendiciones con agradecimiento.

Yo Soy uno con la fuerza universal que hay dentro de mí.

Me perdono y perdono.

Acepto mis limitaciones.

Me enfoco en lo positivo.

Afirmo y decreto en la energía del amor.

Actúo con certeza y precisión.

Me permito ser selectiva con mis amistades.

CONECTA CON LAS BENDICIONES DEL UNIVERSO...

Rechazo todo lo negativo.

Abrazo la salud y energía vital.

Soy agradecida; por tanto.

NAMASTE...
HECHO ESTÁ...
AMEN... AMEN... AMEN...
GRACIAS... GRACIAS...GRACIAS...

SUSURROS ANGELICALES CON

Dorilinda

EPÍLOGO

Mis Susurros con alas de ángeles, son más que simples corrientes de sonido; son formas sutiles y poderosas de comunicación ESPIRITUAL, que pueden transmitir emociones, crear conexiones íntimas y agregar profundidad a diversas situaciones; en donde con el solo hecho de comunicarte bajito con el corazón en la mano; puedes comenzar a sentir que tu vida comienza a equilibrar energías vitales

Un susurro es un acto de comunicación que se caracteriza por su delicadeza y discreción. Puede ser una forma de compartir información confidencial o de expresar sentimientos personales de una manera íntima.

NOS crea un espacio de confidencialidad y cercanía entre las personas. Puede transmitir emociones genuinas y fortalecer las conexiones personales.

El concepto de susurro, se relaciona con la idea de compartir información o sentimientos en un tono suave y discreto. Los susurros pueden tener un impacto vital en nuestras vidas

Arcángel Miguel, Gracias por Tu protección y fuerza.

Arcángel Rafael, Gracias por Tu curación y sanación.

Arcángel Gabriel, Gracias por Tu guía y sabiduría.

Ángeles de la guarda, gracias por estar siempre a mi lado. Les agradezco por todo lo que hacen por mí. Que su luz divina me guíe y proteja siempre. Que su amor me cubra y abra mi entendimiento, para comprender y llevar a cabo mi verdadero propósito existencial.

Bendigan a todas mis lectoras y que su Paz Universal, las cubra entrando y saliendo de sus hogares.

Gracias (3) Veces

¡GRACIAS!...

Amigos del camino:

Mi corazón les agradece profundamente el que hayan dedicado su tiempo a leer las páginas que he creado con tanto amor y compromiso espiritual.

Cada palabra, cada línea de pensamiento, ha sido tejida pensando en ustedes, en la esperanza de que encuentren en mis relatos y experiencias personales; un refugio, una inspiración o simplemente un momento de introspección.

Gracias por acompañarme en este viaje literario.

Que estas páginas sigan resonando en sus mentes y corazones, y que sigamos compartiendo muchas más historias juntos.

Un abrazo alado, con Amor.

Dorilinda

TESTIMONIOS

Marlene O'Reilly
Lic. Lucinda Carmona
Lic Aida Pagan

MARLENE O'REILLY

Por su característico estilo firme, elegante y con clase, Dorilinda me ha inspirado por más de cuarenta años, a soñar en grande.

Cuando la conocí como jurado en el Certamen de Belleza Miss Queen de Puerto Rico, con apenas 15 años de edad, aprendí con su ejemplo a creer en mi y a luchar por mis metas, para formarme como una mujer de impacto y productiva en nuestra sociedad.

Gracias por tu legado.

Marlene O'Reilly, Agente de Bienes Raíces, Coach de Vida
Vice Presidenta de la
"Fundación Mujeres ante la Adversidad."

LIC. LUCINDA CARMONA, P.H.D.

Tuve el honor de conocer a Dorilinda, Mantenedora y Productora de la Revista Radial "A Viva Voz" en Temas de la A a la Z; por muchos años; mientras nos presentaba los temas más impactantes de la actualidad, con los mejores Talentos Profesionales, locales e internacionales.

Es una mujer total; de múltiples imagenes; y todas ellas, nos presentan el modelo a seguir, para ser mujeres empoderadas y que marquemos la diferencia.

Tengo todos sus libros de: Colecciónes de Tocador, y ya son herencia; para mis nietas. Excelente Comunicadora, Relacionista y Filántropa. Con una personalidad de impacto; que muchas quisieran copiar. Le deseo todo el éxito del mundo en su etapa adulta, y aún nos sigue demostrando, que no hay edad; para hacer la diferencia.

Lcda. Lucinda Carmona, P.H.D.
Ex Catedrádica Universitaria
Puerto Rico

LIC. AIDA PAGAN

Conocí a Dorilinda para el 2011 a través de mi hijo, Lic. Rubén Rios, Ex Secretario del Departamento de la Vivienda de Puerto Rico, quien me indicó que tenía una se;ora muy conocida, que sabía que me iba a encantar por su manera de ser y su espiritualidad. Conocer a Dorilinda, hacerme su amiga fue y sigue siendo una bendición. Una gran mujer llena de virtudes, en extremo polifacética y con un don de gente linda y buena, como pocas.

A nivel personal excelente madre, abuela, hija, como profesional incursionó y se destacó en un sin número de escenarios entre: el mundo de la belleza, de la alta moda, como locutora y presentadora de radio y televisión, en el campo de las relaciones y recursos humanos, en el campo ambientalista y publicitario entre otros.

Gran motivadora y excelente amiga, con ese don único de ella de su sentido del humor, positivismo y deseo de ayudar al prójimo que resulta contagioso. Disfruta como nadie del arte de la equitación; donde se destacó como Campeona Nacional Retirada Invicta de Puerto Rico.

Definitivamente una mujer total, enamorada empedernida de la vida. Resiliente como pocas, en fin una mujer completa de la cabeza a los pies.

Dorilinda es una mujer doblemente bella, externa y más aún, internamente.

Además del cultivo de sus orquídeas, ella cultiva y nutre su espiritualidad y vive inmersa en ese mundo mistico, mágico y maravilloso. Me encanta compartir con ella sobre estos temas espirituales que tanto disfrutamos. Asi que el que decidiera escribir y compartir sus experiencias con el mundo angelical, no me sorprende para nada.

Desde ya, damos la bienvenida a otro parto de Dorilinda con su libro Susurros Angélicales.

Amiga querida, éxito en esta nueva aventura y recuerda que el cielo es el límite y de eso tú, si sabes.

Bendiciones,

*Lcda. Aida Pagàn - Tanatologa - Gerontologa
Puerto Rique;a

KARLA LEON
ASISTENTE DE PRODUCCION EDITORIAL

Quiero tomarme un momento para expresarte mi mas sincero agradecimiento. Tu apoyo incondicional en la correccion y dise;o editorial de mi manuscrito ha sido como un faro de luz en mi vida. Tu amabilidad, paciencia y profesionalismo, no pueden pasar desapercibidos.

Tu simpatia es como una suave brisa en un dia caluroso, refrescante y reconfortante. Tu accesibilidad e inteligencia son cualidades que atesoro profundamente. No importa las circunstacias, siempre estuviste ahi para escuchar, apoyar y animar. Eres una inspiracion para mi, estoy agradecida por cada momento dedicado a mi libro.

Que esta relacion profesional, siga creciendo y floreciendo, como un jardin lleno de hermosas flores. Gracias por ser esa mujer excepcional que eres y por ser parte de Spines, la casa publicadora. Todos son un equipo de excelencia.

DORILINDA RAMIREZ, M.B.A.

+1 (787) 602 0019
dorilinda52@yahoo.com
dorilinda52@gmail.com
Facebook: Doris Ramirez

www.ingramcontent.com/pod-product-compliance
Lightning Source LLC
Chambersburg PA
CBHW040854110726
48005CB00001B/58